MONTRÉAL
Parcs et promenades

| PARC LAFONTAINE |

christine bourgier

MONTRÉAL
Parcs et promenades

PRÉFACE DES DOBACARACOL

Catalogage avant publication de Bibliothèque et Archives Canada

Bourgier, Christine

    Montréal : parcs et promenades

    ISBN 2-89428-878-6

    1. Parcs - Québec (Province) - Montréal. 2. Promenades (Espaces publics) - Québec
(Province) - Montréal. 3. Parcs - Québec (Province) - Montréal - Ouvrages illustrés. I. Titre.

    FC2947.65.B69 2006   917.14'28045   C2006-940911-0

Les Éditions Hurtubise HMH bénéficient du soutien financier des institutions suivantes
pour leurs activités d'édition :
- Conseil des Arts du Canada ;
- Gouvernement du Canada par l'entremise du Programme d'aide au développement
  de l'industrie de l'édition (PADIÉ) ;
- Société de développement des entreprises culturelles du Québec (SODEC) ;
- Programme de crédit d'impôt pour l'édition de livres du gouvernement du Québec.

Graphisme et mise en pages : Olivier Lasser

Éditions Hurtubise HMH ltée
1815, avenue De Lorimier
Montréal (Québec) H2K 3W6
Tél. : (514) 523-1523

ISBN-13 : 978-2-89428-878-8
ISBN-10 : 2-89428-878-6

Dépôt légal : 3e trimestre 2006
Bibliothèque nationale du Québec
Bibliothèque nationale du Canada

DISTRIBUTION EN FRANCE :
Librairie du Québec / DNM
30, rue Gay Lussac
75005 Paris
www.librairieduquebec.fr

Imprimé en Malaisie

www.hurtubisehmh.com

carpe diem

| PARC DU MONT-ROYAL |

PARC LAFONTAINE

La poésie d'une chanson ouvre la porte à cette découverte
des parcs et des lieux de promenades de Montréal.
Les artistes du groupe DobaCaracol, Carole Facal
et Doriane Fabreg vous offrent cette chanson vibrante
de lumière et d'amour.

étrange

J'ai le feu du volcan, la chaleur du désert
La saveur de la terre, la lueur d'une lune claire
Je n'ai rien, que dans le cœur, l'immensité du ciel ouvert

J'ai la fraicheur d'une rivière, la colère du typhon
J'ai l'amour d'une mère, les tourments des quatre vents
Comme ils tombent, comme ils tombent, les flocons de l'hiver...

Ils s'entassent dans ma tête comme mes contradictions
Et mes perles d'amour dans un écrin de poussière
Étrange comme je t'aime...

J'ai la lumière du soleil, le frisson de la fougère

La rudesse de l'hiver, la douceur du miel

La folie manifeste et la tristesse éphémère

La foi, mais de celles qui ne posent pas de barrières

Comme le fleuve je m'abreuve à l'océan de ta pensée

Je boirai toute l'eau de la mer pour que tu viennes m'aimer

pieds nus dans la terre, simplement comme hier

Étrange comme je t'aime...

Prise au piège, j'écoute les tambours de la pluie

Je pleure aux torrents convoyant la souffrance d'autrui

Trop de choses à la fois se font des routes dans ma tête

Alors je ne sais plus rien, sauf que pour toi

Je creuserai de nouveaux sillons aux mélodies de l'Univers

Étrange comme je t'aime...

Je vais reculer le soleil pour savourer le sommeil

Je t'aime

Étrange comme je t'aime | CAROLE FACAL | 2004

Introduction

MONTRÉAL, DEVENUE MA VILLE D'ADOPTION est, en Amérique du Nord, un lieu cosmopolite et stimulant. Ici, l'unité architecturale fait place à un puzzle de quartiers, tous différents : Petite Patrie, Petite Bourgogne, Hochelaga, Le Plateau, Saint-Michel, Verdun, Outremont... et d'autres encore.

Un point commun cependant : les parcs ! On dénombre près de 1000 parcs ou espaces verts sur l'île de Montréal. Petits ou grands, étendues incontournables ou carrés de verdure au coin d'une rue, forêt d'érables et de pins ou dalles de béton, les parcs habitent l'île. Ils sont des lieux de jeu, de rencontre, de lecture, de vie !

Montréal, c'est également la succession des saisons : d'abord un bref printemps, puis un été long et chaud, un automne éclatant et, enfin, un lumineux hiver.

Je vous invite à une promenade dans différents parcs (parcs-nature ou parcs urbains) de l'île de Montréal au fil des saisons : Parc Angrignon, Place d'Armes, Place des Arts, Parc Bellerive, Bassin Bonsecours,

Parc de la Bolduc, Jardin botanique, Parc Marguerite-Bourgeoys, Place du Canada, Parc De Lorimier, Parc Jean-Drapeau, Place Albert-Duquesne, Parc des Faubourgs, Parc de Griffintown Ste-Ann, Parc Jarry, Parc Claude-Jutra, Canal Lachine, Parc Lafontaine, Parc Sir Wilfrid Laurier, Parc René-Lévesque, Marché Maisonneuve, Université McGill, Parc Molson, Cimetière du Mont-Royal, Parc du Mont-Royal, Parc Morgan, Cimetière Notre-Dame-des-Neiges, Parc Outremont, Station Papineau, Square Phillips, Parc du Portugal, Parc des Rapides, Place Jean-Paul-Riopelle, Place Roy, Square Saint-Henri, Cap Saint-Jacques, Carré Saint-Louis, Parc Saint-Viateur, Summit Parc, Square Victoria, Vieux-Port, Parc Viger, Parc de la Visitation.

Avant tout, mon but est de partager avec vous mon émerveillement, de vous communiquer mon amour pour ma ville et pour la nature qui l'habite. Gardons les yeux ouverts sur notre environnement, il est précieux! Sachons prendre le temps de nous arrêter dans ces lieux qui nous accueillent et tout temps.

BONNE PROMENADE !

| PARC LAFONTAINE |

Rapide comme l'éclair, le Printemps espiègle apparaît et disparaît aussi vite qu'il est venu.

Chacun guette le moindre signe annonçant son arrivée : la fonte des dernières neiges, la succession bourgeons, feuilles, fleurs, le gazouillis des oiseaux, le premier cri des bernaches revenues, la tiède chaleur des rayons du soleil qui nous encouragent a lézarder aux terrasses des cafés…

Printemps

page précédente :
| BASSIN
BONSECOURS |

| PARC DU PORTUGAL |

| PARC BELLERIVE |

Il est dans
le destin
des hommes
d'avoir
des anges !

L'Ange de Dominique |
ANNE HÉBERT

| PARC OUTREMONT |

| VIEUX-PORT |

page
de droite :
| VIEUX-PORT |

| PLACE D'ARMES
DEVANT LA
BASILIQUE
NOTRE-DAME |

À gauche :
| PLACE D'ARMES |

À droite :
| PLACE DES ARTS |

Le printemps, c'est l'été en pièces détachées !

L'exil | JEAN-MICHEL WYL

| PARC OUTREMONT |

Il suffit d'arriver dans un moment où personne n'est en vue pour croire qu'il n'y a plus que la **nature** à veiller les ancêtres qui dorment depuis longtemps dans le cimetière.

C'est ici que le monde a commencé |
ADRIEN THÉRIO

| STATION PAPINEAU |

| PLACE DU CANADA |

| PARC SAINT-VIATEUR |

en haut à gauche :
| PARC MORGAN |

en bas à gauche :
| PARC VIGER |

ci-contre :
| CARRÉ SAINT-LOUIS |

| PARC DE
LA BOLDUC |

Bref, la vie
est trop courte

pour nous permettre de contempler à notre aise

toutes les beautés de la nature.

La terre ancestrale | LOUIS-PHILIPPE CÔTÉ

à gauche :
| SQUARE PHILLIPS |

ci-contre :
| SQUARE VICTORIA |

page opposée :
| PARC DU
MONT-ROYAL |

... le matin,
c'est la plus belle image
du monde. On devrait l'encadrer !

Le Matin | GILLES VIGNEAULT

| PARC VIGER |

page de droite :
| PARC LAFONTAINE, JARDIN BOTANIQUE et PARC OUTREMONT |

L'été, la saison des festivals, des chaudes soirées, des

pique-niques à l'ombre des grands arbres....

Le jour, les enfants jouent,
pieds dans l'eau,

sourire éclatant sur leurs frimousses malicieuses.

L'été, nous vivons à l'extérieur, profitant de chaque

instant pour vivre pleinement la chaude saison.

| PARC JEAN-DRAPEAU |

Été

page opposée :
| PLACE JEAN-PAUL-RIOPELLE |

ci-contre :
| SQUARE SAINT-HENRI |

page opposée :
| PLACE
JEAN-PAUL-RIOPELLE |

| PARC LAFONTAINE |

... le jazz est vif, douloureux, tendre, lent ; il apaise, il bouleverse, c'est de la musique et ce qu'il rythme est vrai, c'est le pouls de la vie.

Les Remparts de Québec | ANDRÉE MAILLET

ESPLANADE DE LA PLACE DES ARTS

Le rôle de l'été c'est d'être l'avenir.

Poème livresque | ALFRED DESROCHERS

pages précédentes
et à droite :
| ESPLANADE DE LA PLACE DES ARTS |

| PARC
MARGUERITE-
BOURGEOYS |

| JARDIN
BOTANIQUE |

Il arrive parfois,
heureux hasard,
que l'homme
touche un paysage
sans le gâter.

La Rivière-à-Mars |
DAMASE POTVIN

| JARDIN BOTANIQUE |

| SQUARE VICTORIA |

page opposée :
| MARCHÉ MAISONNEUVE |

| PARC JEAN-DRAPEAU |

Demain… demain, ce sera **un autre jour**, d'autres rêves…

Le dompteur d'ours |
YVES THÉRIAULT

| PARC LAFONTAINE |

Joie de jouer ! Paradis des libertés !

Le Jeu | HECTOR DE SAINT-DENYS GARNEAU

| PARC JARRY |

| CANAL LACHINE |

| VUE DEPUIS LE PARC RENÉ-LÉVESQUE |

| VUE DEPUIS LE CANAL LACHINE |

| Parc René-
Lévesque |

Automne, été indien, saison des belles couleurs ou la nature explose en un extraordinaire feu d'artifices. C'est l'été que nous souhaitons garder encore un peu. Nos parcs se parent d'une palette resplendissante. Chaque espace de nature est une composition picturale digne d'un maître. Les enfants jouent avec les montagnes de feuilles, tandis que les oiseaux quittent l'île pour des terres australes.

« Une blanche lumière arrose
La nature, et, dans l'air rose
On croirait qu'il neige de l'or »
Matin d'octobre | FRANÇOIS COPPÉE

| PARC ANGRIGNON |

Automne

page opposée :
| JARDIN BOTANIQUE |

| PARC DU MONT-ROYAL |

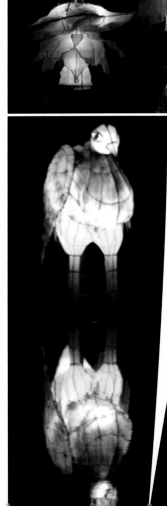

page opposée :
| VUE DEPUIS LE
PARC MAISONNEUVE |

| JARDIN BOTANIQUE |

| PARC
ANGRIGNON |

| PARC
LAFONTAINE |

… l'automne québécois ! Ce n'est pas de la publicité, ce n'est pas une vision, c'est vrai ! Une saison enchanteresse, brillante, secrète, féerique, poétique, rutilante, flamboyante, rêveuse, solennelle, splendide.

La Flamme et la Forge | GILBERT CHOQUETTE

| PARC ANGRIGNON |

à gauche :
| CIMETIÈRE DU MONT-ROYAL |

ci-dessus et à droite :
| MARCHÉ JEAN-TALON |

Ce qu'il y a parfois
de beau avec l'automne,
c'est lorsque le matin
se lève après
une semaine de pluie,
de vent et brouillard
et que tout l'espace,
brutalement, semble
se gorger de soleil.

L'Héritage | VICTOR-LÉVY BEAULIEU

| PARC ANGRIGNON |

| PARC
ANGRIGNON |

| PLACE
DU CANADA |

L'automne, je peux difficilement
résister, les feuilles dégagent
un parfum légèrement épicé,
et le chuintement que produisent
nos pas est amplifié jusqu'au
tintamarre, quand on est seule,
le cracouillis des brindilles
qui se cassent sous le pied.
Sentiment de hanter la forêt,
de s'y faire précéder
par ses voix, ses fantômes.

L'ombre de l'épervier | NOËL AUDET |

| PARC ANGRIGNON |

| PARC LAFONTAINE |

ci-contre
et à droite :
| PARC
MAISONNEUVE |

| PARC
ANGRIGNON |

| PLACE ROY |

Comment raconter l'automne québécois ? Comment raconter les roses, les mauves, les bourgognes et les violets qui succèdent aux oranges, aux cuivres, aux ocres et aux ors ? Il n'y a que le regard qui puisse lire tout cet **enchantement**, que le regard qui puisse comprendre l'ironie de cette nature qui resplendit dans son agonie, qui meurt de la phosphorescence de ses couleurs étonnantes.

J'ai un beau château... |
JANIK TREMBLAY

| PLACE DU CANADA |

| PARC DU MONT-ROYAL |

... l'automne
en Canada est souvent
la plus belle
saison de l'année,
et dans les bois plus
que partout ailleurs...

Jean Rivard | ANTOINE GÉRIN-LAJOIE

| PARC DU MONT-ROYAL |

« Mon pays ce n'est pas un pays, c'est l'hiver »

GILLES VIGNEAULT

Aux premiers flocons, les sourires fleurissent

sur les lèvres, les regards complices s'échangent

aux coins des rues : il est revenu

le grand hiver !

La neige se dépose sur les branches, ajoutant

à la majesté des arbres, les lacs s'offrent

aux patineurs, tout est calme et feutré.

L'hiver, saison de la glisse, des randonnées

en raquettes dans les parcs au dépaysement garanti.

Ici, on marche sur le lac ;

là, on se réchauffe dans l'érablière…

Le ciel, d'un bleu profond contraste

avec la neige, illuminant le paysage.

La glace scintille sur les réverbères ainsi

qu'à l'extrémité des arbres. Chaque cristal,

tantôt plume, tantôt étoile complexe

est un émerveillement.

La végétation, tout comme la faune dort,

préparant en secret le printemps.

Hiver

| VIEUX-PORT |

page opposée :
| CARRÉ SAINT-LOUIS |

Essayer parfois d'être enfant, pendant une heure… au moins.

Tête blanche | MARIE-CLAIRE BLAIS

| VIEUX-PORT |

Ce sont les fleurs, les lacs
qui font la physionomie
de notre pays, et c'est l'hiver
qui lui donne son caractère ;
... L'hiver n'est
plus seulement
une saison.
L'hiver est devenu pour moi,
une halte, un repos...

Des souvenirs usés | CHRISTIANE BACAVE

| BASSIN BONSECOURS |

| CAP SAINT-JACQUES |

Le silence est mon chant d'amour.

L'évêque de Nancy, | L'HERMITE

| VUE DEPUIS LE PARC JEAN-DRAPEAU |

à gauche :
| PARC DU
MONT-ROYAL |

à droite :
| PARC DES RAPIDES |

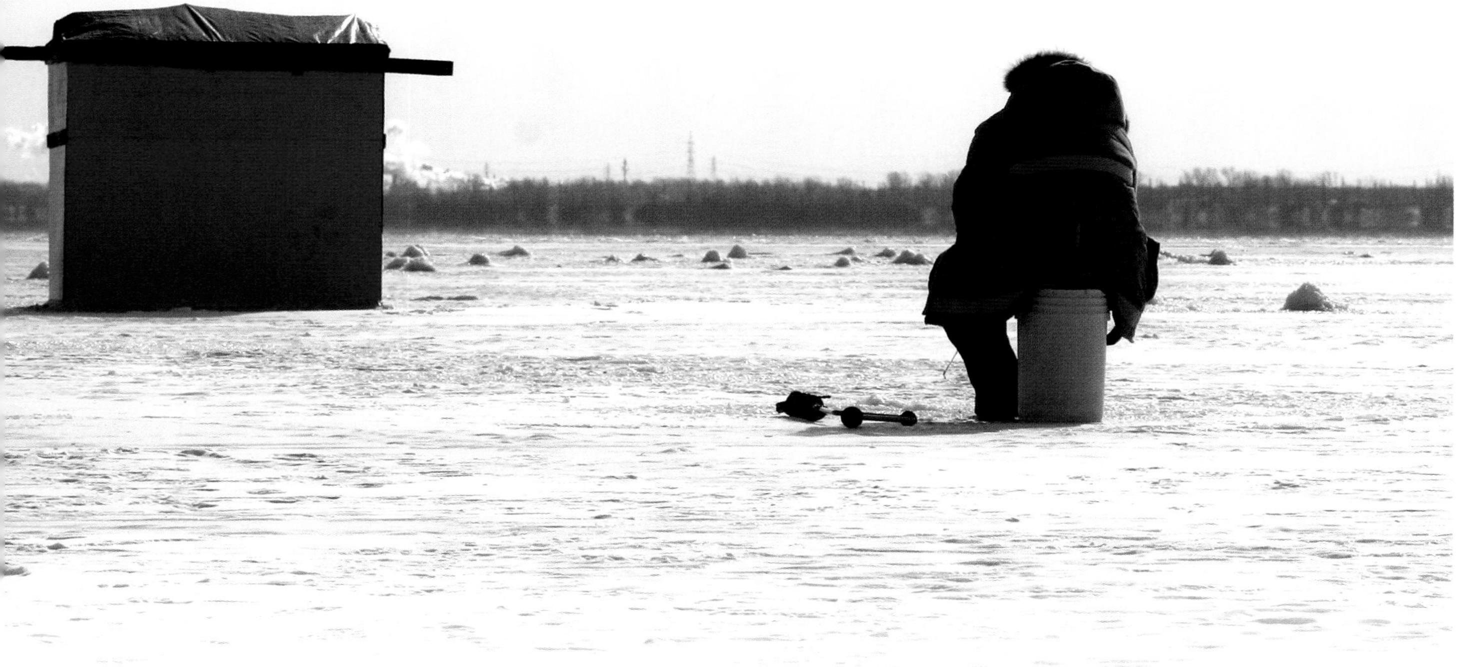

| PARC OUTREMONT |

à gauche :
| VUE DEPUIS LE PARC JEAN-DRAPEAU |

La **neige** possède

ce secret de rendre

en un souffle

la **joie naïve**

que les années lui ont

impitoyablement arrachée.

Pointe-aux-Coques | ANTONINE MAILLET

| PARC MOLSON |

| PARC OUTREMONT |

page opposée :
| PARC LAFONTAINE |

Approchez-vous et voyez ces bambins

Le cheveux frisé et le regard mutin

Malins et coquins chérubins.

Le Congrès des Chérubins | JULIETTE

| PARC DES RAPIDES |

La neige emprunte les tons du ciel ou du soleil.

Elle est bleue, elle est mauve,

elle est grise, noire même,

mais jamais tout à fait blanche.

Ateliers | JEAN CHAUVIN

| PARC LAURIER |

| PARC DE LA VISITATION |

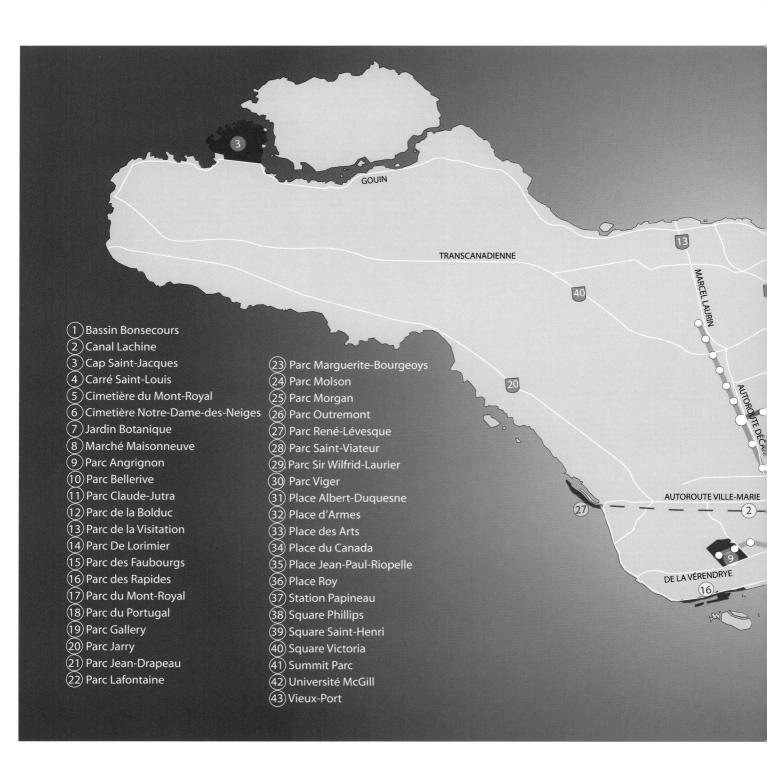

GOUIN

TRANSCANADIENNE

13

40

20

MARCEL LAURIN

AUTOROUTE DÉC...

AUTOROUTE VILLE-MARIE

2

27

9

DE LA VÉRENDRYE

16

1 Bassin Bonsecours
2 Canal Lachine
3 Cap Saint-Jacques
4 Carré Saint-Louis
5 Cimetière du Mont-Royal
6 Cimetière Notre-Dame-des-Neiges
7 Jardin Botanique
8 Marché Maisonneuve
9 Parc Angrignon
10 Parc Bellerive
11 Parc Claude-Jutra
12 Parc de la Bolduc
13 Parc de la Visitation
14 Parc De Lorimier
15 Parc des Faubourgs
16 Parc des Rapides
17 Parc du Mont-Royal
18 Parc du Portugal
19 Parc Gallery
20 Parc Jarry
21 Parc Jean-Drapeau
22 Parc Lafontaine

23 Parc Marguerite-Bourgeoys
24 Parc Molson
25 Parc Morgan
26 Parc Outremont
27 Parc René-Lévesque
28 Parc Saint-Viateur
29 Parc Sir Wilfrid-Laurier
30 Parc Viger
31 Place Albert-Duquesne
32 Place d'Armes
33 Place des Arts
34 Place du Canada
35 Place Jean-Paul-Riopelle
36 Place Roy
37 Station Papineau
38 Square Phillips
39 Square Saint-Henri
40 Square Victoria
41 Summit Parc
42 Université McGill
43 Vieux-Port

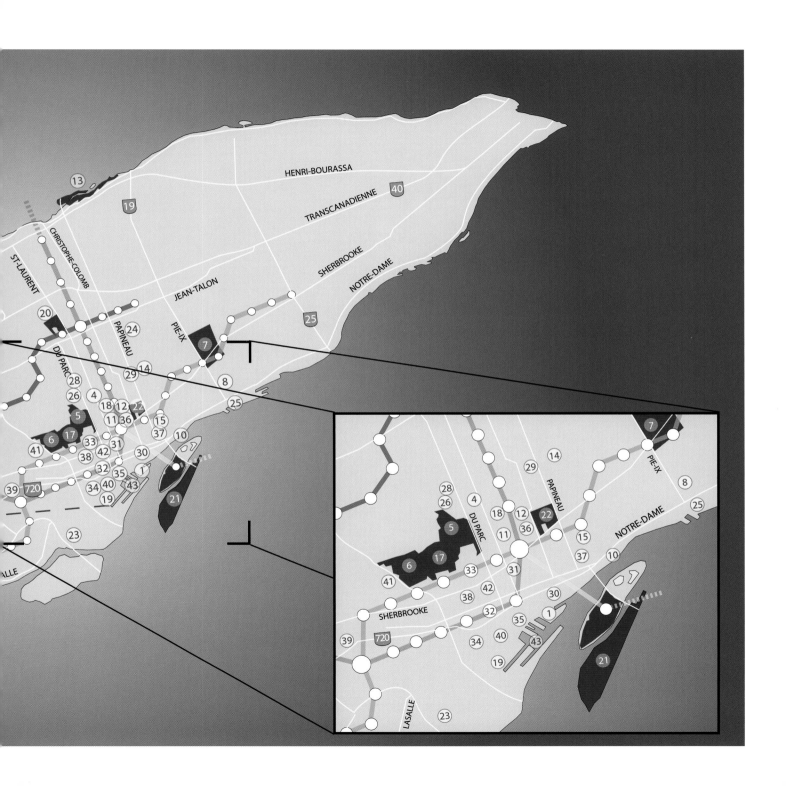

16 SUGGESTIONS DE PROMENADES

Vieux Montréal (à pied)
Place d'Armes | Bassin Bonsecours | Vieux-Port | Place Jean-Paul-Riopelle | Square Victoria
Démarrer à la station de métro Place d'Armes; terminer à la station de métro Square Victoria.
🚶 3 à 4 heures

Sud-Ouest (à bicyclette ou en voiture)
Canal Lachine | Parc de Griffintown Ste-Ann | Parc Angrignon |
Parc Marguerite-Bourgeoys
🚶 ½ journée à 1 journée en fonction du moyen de transport

Sud-Ouest sur les rives du Saint-Laurent
(à bicyclette ou en voiture)
Parc des Rapides | Parc René-Lévesque | Square Saint-Henri
🚶 ½ journée à 1 journée en fonction du moyen de transport

Mont-Royal (à pied, à bicyclette ou en voiture)
Parc du Mont-Royal | Cimetière du Mont-Royal
🚶 ½ journée à 1 journée en fonction du moyen de transport

Outremont (à pied)
Parc Outremont | Parc Saint-Viateur
Démarrer à la station de métro Outremont
🚶 1 à 2 heures

Notre-Dame-des-Neiges (à pied, à bicyclette ou en voiture)
Parc Summit Circle | Cimetière Notre-Dame-des-Neiges
🚶 2 heures à ½ journée en fonction du moyen de transport

Centre Ville (à pied)
Parc Viger | Esplanade de la Place des Arts | Place Albert-Duquesne | Square Phillips | Université McGill | Place du Canada
Démarrer à la station de métro Place d'Armes ou Berri UQAM ; terminer à la station de métro Bonaventure
🚶 ½ journée

Rosemont-Petite Patrie (à pied, à bicyclette ou en voiture)
Parc Molson | Marché Jean-Talon | Parc Jarry
🚶 ½ journée à 1 journée en fonction du moyen de transport

Hochelaga-Maisonneuve
(à pied, à bicyclette ou en voiture)
Parc Morgan | Marché Maisonneuve | Parc des Faubourgs |
Station Papineau
🚶 ½ journée

Plateau Mont-Royal — entre Saint-Denis et Saint-Laurent (à pied ou à bicyclette)
Carre Saint-Louis | Parc Claude-Jutra | Parc du Portugal
🚶 2 à 3 heures

Plateau Mont-Royal — à l'est de Saint-Denis (à pied ou à bicyclette)
Parc de la Bolduc | Place Roy | Parc La Fontaine | Parc Laurier | Parc De Lorimier
🚶 ½ journée

Parc-Nature de l'île de la Visitation
On s'y rend en transport en commun ou en voiture
🚶 ½ journée à 1 journée

Parc-Nature du cap Saint-Jacques
On s'y rend en transport en commun ou en voiture
🚶 ½ journée à 1 journée

Parc Jean-Drapeau
On s'y rend en transport en commun, en voiture, à bicyclette ou à pied
🚶 ½ journée à 1 journée

Jardin botanique
🚶 1 journée

Parc-Promenade Bellerive
On s'y rend en transport en commun, en voiture ou à bicyclette
🚶 ½ journée à 1 journée

Mes remerciements vont tout d'abord

à Arnaud Foulon, mon éditeur, qui m'a fait confiance pour mon premier ouvrage.

Merci à Christine qui m'accompagne et me soutient chaque jour.

Une pensée pour Patrick, mon *coach*, qui m'a aidée dans ma prise de décision de changement d'activité professionnelle. Il a été l'éveilleur de conscience, qu'il en soit remercié.

Merci aux Montréalais et Montréalaises rencontrés au gré de mes randonnées ; leurs sourires, leurs mots pour décrire leurs parcs sont autant de beaux souvenirs.

Merci aux amis et connaissances qui m'ont encouragée dans ma démarche photographique. Les nommer tous serait fastidieux, ils se reconnaîtront.

Une mention spéciale pour René, mon Mentor depuis mon entrée dans la vie adulte.

Un merci particulier à mes parents qui m'ont offert mon premier appareil photo et plusieurs de ceux qui ont suivi.

Leur amour et leur confiance m'ont permis de grandir dans un environnement serein, terreau favorable au développement de la joie de vivre et de la ténacité.